Tu pieza es importante

ISABEL GIL PASCUAL

Círculo Rojo
EDITORIAL

Hoy, en el recreo de nuestro colegio, ¡ha ocurrido algo increíble! La profe Mabel ha traído un puzle. ¡Era un puzle gigante, y cada pieza era diferente! Unas más anchas, otras más pequeñas, de diferentes colores... Cada uno íbamos poniendo una pieza, pero la mía no encajaba.

—Gírala, dale la vuelta... —dijo mi amigo Diego; pero, aun así, no encajaba.

—¡Es como yo! —dije—. Me siento como esta pieza. No encajo con nada ni con nadie.

—Quizás es una pieza especial, como lo eres tú, María —dijo la profe Mabel—. Prueba de diferentes maneras. No todos encajamos de la misma forma, date tiempo y busca tu lugar, lo encontrarás.

¡Y así fue! ¡Solo encajaba al revés!

—¡Este puzle es diferente a otros que hemos hecho! —dijo otro compañero al que le ocurrió lo mismo.

Faltaba por acabarlo, y Mabel nos dijo a Diego y a mí:

—Quedaos a terminarlo y venid después.

Empezamos a construir el puzle y... ¡se empezó a elevar!

De repente, ¡estábamos en un parque de la ciudad de Londres! Apareció una señora sonriendo y empezó a sacar objetos de un gran bolso, un poco sucio y estropeado. Hasta que sacó una pieza de puzle y exclamó:

—¡Encaja! Buen trabajo, seguid construyendo —nos dijo.
Nunca deberíamos juzgar por la apariencia, ni siquiera a un bolso...

Esa pieza nos llevó a un gran desierto de Egipto. Había un niño, que nos enseñó un dibujo y nos dijo:

—¿Qué veis?

—Claramente una serpiente que se ha comido un elefante —le respondimos.

—¡Así es! —Cogió una pieza que tenía al lado de una rosa y la colocó—. ¡Suerte en vuestro viaje!

Aparecimos en otro lugar... Era gris, no ponía el nombre, pero parecía que había una guerra. Las armas se empezaron a convertir en piezas de puzle, ¡era increíble! Vinieron muchos niños y personas más mayores con otras piezas y las colocaron también, cada vez el puzle era más grande. Este puzle... ¡es mágico!

El puzle nos llevó a una gran selva, que se llamaba Iguazú. Apareció una joven y le preguntamos:

—¿Cómo te llamas? ¿Hacia dónde vamos?

—Me llamo Dorothy, siempre estamos tomando decisiones: seguid a vuestro corazón, seguid el camino de baldosas amarillas.

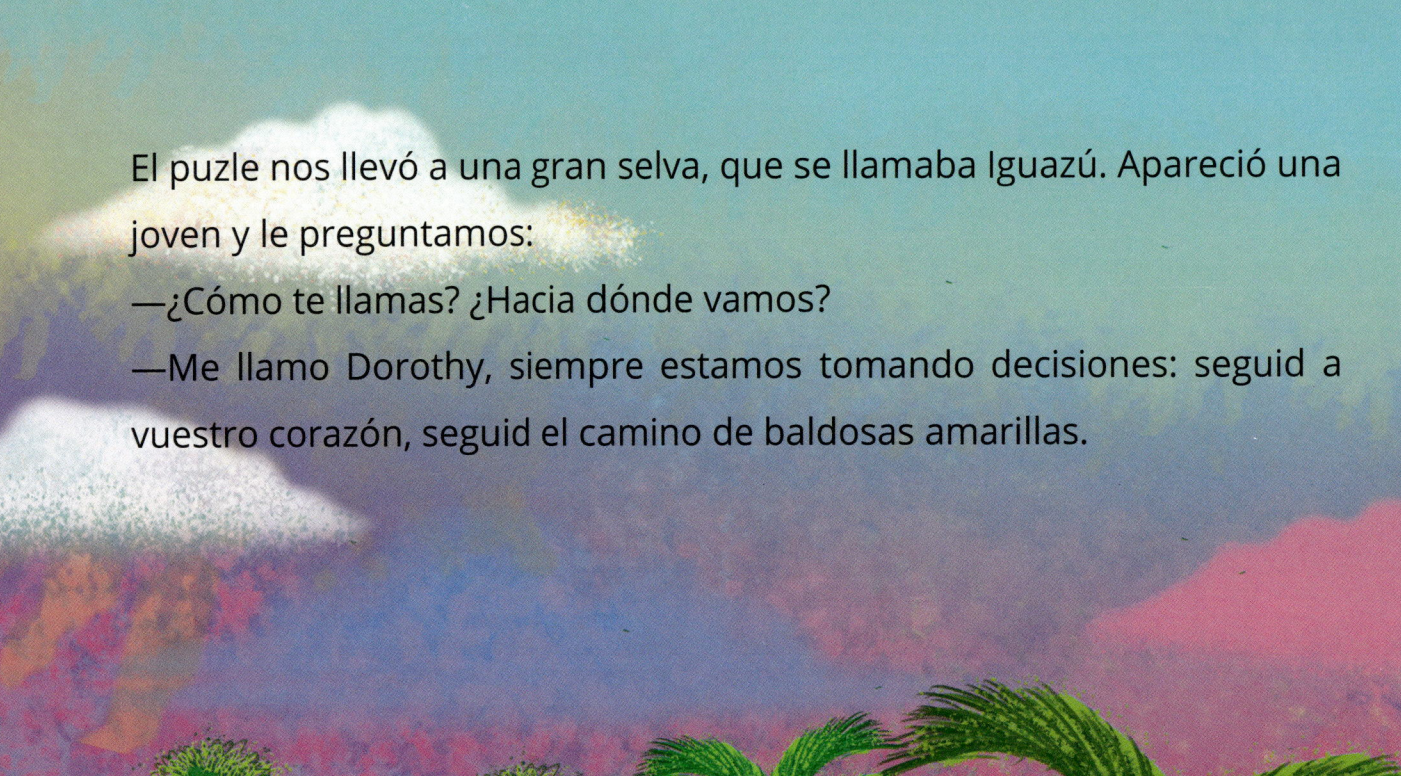

—Colocó una pieza y nos dijo—: ¡disfrutad del viaje!

Ese camino nos llevó a Chinche-Itzá, en México.

—¡Es una maravilla! —exclamamos al verlo.

Nos empezaron a ayudar unos niños que estaban jugando ahí.

—Este puzle —nos dijimos— ¿tendrá forma de pirámide?

Cruzamos el mar y, de repente, aparecimos en el Coliseo, en Italia. ¡Era muy grande! Unos niños, al vernos, vinieron corriendo a poner sus piezas. María me miró y exclamó:

—¡Este puzle es imposible de terminar!

De repente, entre las piedras, apareció un conejo y dijo:

—Dirás impasable, ¡nada es imposible! —dijo mientras colocaba su pieza de puzle.

Esa pieza nos llevó ¡al patio de nuestro colegio en Guadalajara! Estaba Mabel esperándonos.

—¡Impresionante! —nos dijo.

Es un puzle gigante, ¿qué forma tiene el puzle? —preguntó—. ¿Tiene forma de... pirámide?

—¡No! —exclamamos todos.

—Tiene forma de camino... ¡de puente! —afirmó uno de los compañeros.

—¡Así es! ¡De puente! —dijo Mabel—. No tiene forma ni de edificios ni de muros, habéis creado puentes con todas las piezas.

Los puentes unen pueblos, ciudades,
países. Unen a las personas. Cada pieza
es de diferente tamaño y forma, son
diferentes, como lo somos las personas,
y entre todos encajamos en este
gran puzle que es el mundo.

Y tú eres una pieza muy importante,
que haces que este mundo sea mejor,
atrévete y... ¡coloca tu pieza!

¡AHORA TE TOCA A TI!

Colorea tu pieza de puzle, es una pieza especial no habrá ninguna igual porque es tuya.

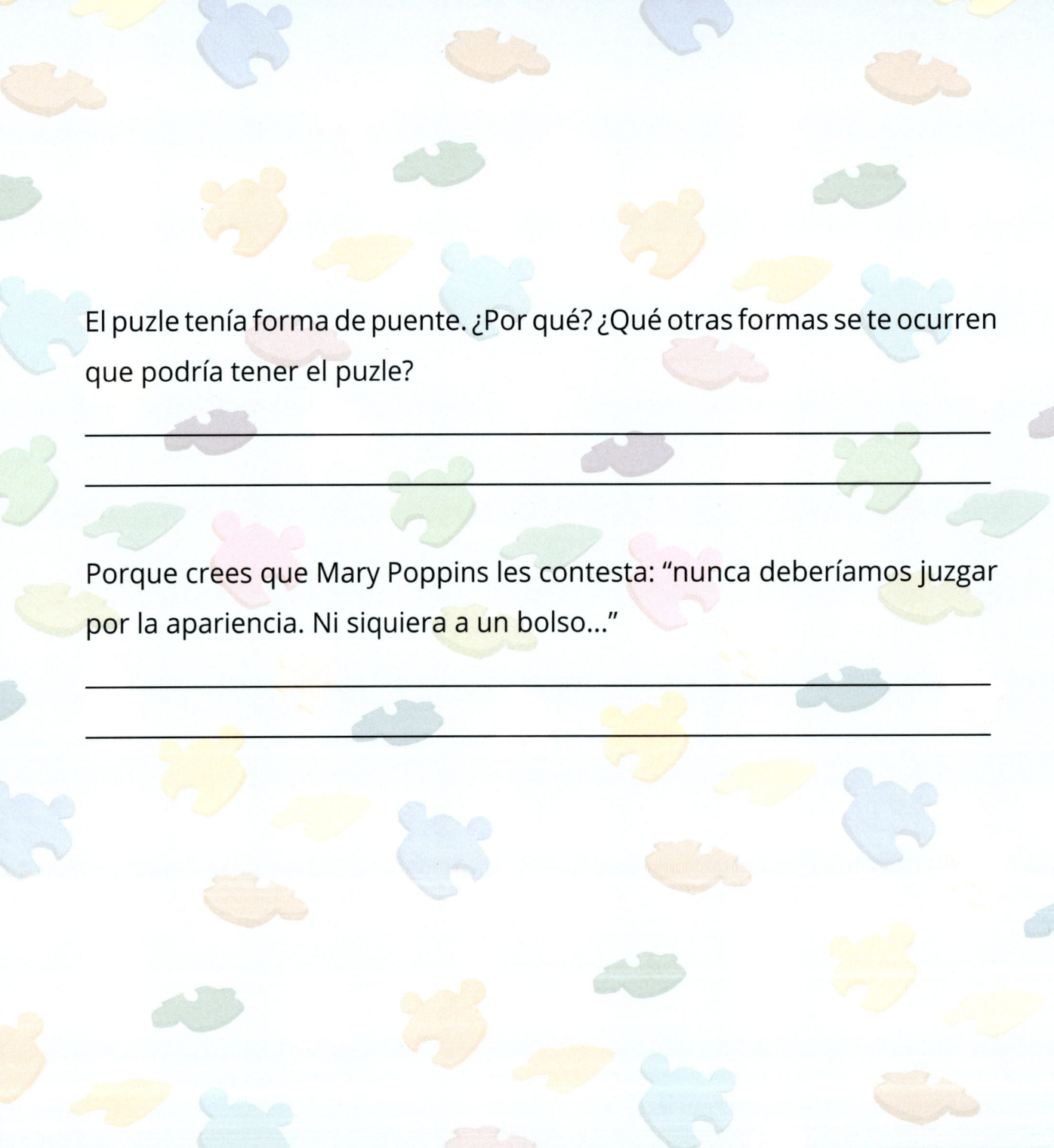

El puzle tenía forma de puente. ¿Por qué? ¿Qué otras formas se te ocurren que podría tener el puzle?

_____

_____

Porque crees que Mary Poppins les contesta: "nunca deberíamos juzgar por la apariencia. Ni siquiera a un bolso..."

_____

_____

María al principio del cuento se compara con una pieza de puzle que no encaja. ¿Cómo crees que se siente? ¿Te has sentido alguna vez así? ¿Quién la ayuda en esta aventura?

_____

_____

¿Por qué crees que cada pieza es diferente y aun así encajan? ¡Es increíble!

_____

_____

En este puzle con forma de corazón escribe dentro palabras bonitas a alguien que quieres. ¡Se lo puedes regalar!

Para todos los niños/as y adultos. Todos encajamos y formamos parte de este gran puzle que es el mundo.

Para Diego, la pieza más importante, que da sentido a mi vida, a este mundo.

Primera edición: septiembre 2024

ISBN: 978-84-1082-174-3

Impresión y encuadernación: Editorial Círculo Rojo

© Del texto: Isabel Gil Pascual
© Maquetación y diseño: Equipo de Editorial Círculo Rojo
© Ilustración de cubierta: Virginia González Círculo Rojo
© Ilustraciones interior: Virginia González Círculo Rojo

Editorial Círculo Rojo

www.editorialcirculorojo.com

info@editorialcirculorojo.com

Impreso en España - Printed in Spain

El papel utilizado para imprimir este libro es 100% libre de cloro y, por tanto, **ecológico**.